AF318260

HISTOIRE
DE LA FON-
DATION DE L'E-

glise & Abbaie du Mont S. Michel,
pres celui de Tombe: & des miracles,
reliques, & indulgences donnez en i-
celle. Tout recueilli des Archiues
du dit lieu.

Par F. FRANCOIS FEV-
ARDENT, *Docteur en s. Theologie,*
& Religieus aux Cordeliers leZ Bayeus.

A CONSTANCES,

Par IEAN LE CARTEL,
Imprimeur & Libraire.

1604.

Auec priuilege du Roy.

HISTOIRE DE

la fondation de l'Eglise, &
monastere du môt S. Michel,
pres le Mont de Tombelaine.

Nciennement
ce Rocher es-
toit vne mon-
taigne, toute
enuironnee de bois & fo-
rests, viron six lieuës en lóg
& de quatre en large, d'vn
costé ioignant à terre ferme, & d'autre à la Mer O-
ceane: & i demeuroiér cer
tains bons & deuots Her-
mites seruans à Dieu en

toute foi & pieté. Leur
nourriture & viure leur
eſtoit enuoié par le Curé
d'vne paroiſſe nommee à
preſét Beauuoir, lors qu'é
leur neceſſité, Dieu faiſoit
apparoiſtre vn ſigne viſi-
ble & manifeſte ſus le logis
de ces bónes gens. Le por-
teur eſtoit vn aſne accouſ-
tumé à faire ce ſeruice: le
quel vne fois rencontré,
fut deuoré par vn loup, le
quel par meſme puiſſance
& prouidence diuine fut
cótraint faire le meſme of
fice, que iadis les corbeaux

repeurent Elie au defert, 3, Re.
les ours reuengerét Elifee 4, Re
pres de Bethel, & deux liós
aiderét au grád s. Antoine à
faire la fofle & fepulture de *Hie.*
S. Pol ṕmier Hermite: tou- *ĩ vi.*
tes creatures obeiſſátes aiſi *Pau.*
au vouloir du Createur, ꝗ
les à faites pour le feruice
de l'hóme. Viron l'an fept
cens 8. ou 9. apres l'incar-
natió du fauueur de ce mó
de, il pleuſt à Dieu, ꝗ le prĩ-
ce de fes Anges, & gen-
darmerie celeſte, ancien
protecteur de la Synago-
gue Hebraique, comme à

*Dan,
10.
& 12
Apoc
12.*

presẽt de l'Eglise Catho-
lique, vainqueur du dragõ
& vieil serpent, & condu-
cteur des sainctes ames, S.
Michel, fust honoré en ce
lieu, & partie d'Occidét,
comme au mont de Gar-
gá vers l'Oriér. Pour quoi
non? veu que les Patriar-
ches & Prophetes Abrahã,
Lot, Iacob, Iosué, Dauid,
Daniel, Zacharie, l'vn &
l'autre Tobie, ont saincte-
ment honoré les Anges, se
prosternans deuant eux.

*serm
de re
uela-*

Au sus dit an donc (ainsi
que testifient Beda, Sige-

bertus, wernerus, & Gaguinus
graues & fideles autheurs)
le dit Archange S. Michel
s'apparut à S. Autbert lors
Euesque d'Auranches, lui
dist, qu'il estoit, & mani-
festa que D I E V vouloit
que vne Eglise fust bastie
au dict mont, consacree
en son non, & memoire
du dit Archange. Le S.
Euesque ne croiant de le-
ger à tout esprit, differa sa-
gement cest affaire : par
quoi l'Ange secondement
lui apparut, & lui dist com
me deuant. Ce venerable

& difcret pafteur voulât ef
prouuer fi telle vifion &
reuelation eftoit de Dieu,
ou non: differe encor iuf-
ques à la troifiefme apparition, en la quelle l'Ange
le reprenant de tardiueté
à croire & obeir, le toucha
comme du doigt en la tef-
te, & fift vn pertuis au teft
d'icelle, qui encor au iour-
dhui i apparoift, en perpe-
tuel & afeuré tefmoigna-
ge de verité. Ce que n'eft
moins facile à faire & à
croire, que les Anges auoir
chaffé Adam & Eue du Pa-

radis terrestre, tácee Agar,
deliuré Isaac de l'espee de
son pere, Lot de Sodome
en aueuglant les infideles,
Daniel & ses compagnons
des flammes & des lions,
menacé Moïse de le tailler
en pieces, deliuré Ierusalé
de la peste, S. Pierre & S.
Ieã des prisós Iudaicques;
& fait autres infinis miracles à la gloire de Dieu, &
fauueur de ses seruiteurs.

Ce saint Euesque reue-
lant ces visions & cõman-
demés Angeliques, & mõ-
strant le signe en sa reste, à

ſes Chanoines , & autres
venerables gens d'Egliſes,
s'en alla auec eux, pluſieurs
du peuple , & multitude
d'ouuriers voir la place,
couper de la montaigne,
& preparer lieu au ſom-
mer d'icelle pour edifier
vne Egliſe , comme il lui
auoit eſté ordonné : le ſus
dit Archáge par pluſieurs
reuelatiós l'enſeignant en
toutes ſes doutes , & lui
monſtrant par ſignes, en
quelle place, grandeur, &
maniere il la deuoit baſtir.
Entre autres fut , que le

coupeau de ce mót estoit
occuppé par deux grans
rochers, des quels l'vn prí-
cipalement ne pouuoit es-
tre remué, ne applani par
aucune force humaine : S.
Michel cómanda à l'Eues-
que, d'enuoier querir vn
petit enfant, tenu encor au
berceau, fils d'vn nommé
Baïn, demeurant pres de
là, appuier le pied du dit
enfant contre le rocher.
Ce qu'estát fait, le vestige
du pied s'engrauant pre-
mier dás le Roc, ou encor
apparoist, le fist trebucher

du haut en bas.

Le Fils de Dieu à - il
pas promis , que ceux
qui croiront en lui fe-
ront tels miracles qu'il
faiſoit : voire encor de
plus grans ? Et que ſils di-
ſent à vne montaigne :
oſte toi d'ici , & ſaute
en la mer ; il aduiendra
ainſi ? Cela à - il pas eſté
pratiqué par ſaint Gre-
goire de Neocæſareé?

Le ſecond miracle ou
ſigne fut, en ce que ſaint
Autbert voiant qu'il n'i
auoit point d'eau douce,

neceſſaire à ceus qui ha-
biteroient en ce lieu, en
tel affaire inuocant l'aide
de l'Archange, il lui mon-
ſtra vne place, en la quelle
le ſaint home frappant de
ſon baſton , Dieu en fiſt
ſortir vne belle fontaine
d'eau viue pour l'vſage
des humains, meſmement
lui donnant vertu medi-
cale contre pluſieurs ma-
ladies.

Se moquent de ceci les
athees , incredules , en-
nemis des miracles , & re-
nieurs de l'infinie puiſſan-

ce de Dieu : au contraire,
tous bons Chreſtiens & fideles, honorás Dieu & l'ad-
mirás en ſes euures, le croiront auſſi facilement, que
d'auoir fait vne femme vi-
uáte de la coſte de l'home;
tourné eau en ſang, ſang
en eau; verge en ſerpent,
& ſerpent en verge : fait
reiallir viues eaues d'vne
machoire d'aſne, & d'vn
dur rocher, &c.

Saint Aurbert fort triſte,
qu'il n'auoit aucunes marques & enſeignes viſibles
de ce S. Archange, pour

laiſſer en memorial en ce
lieu, le meſme S. Michel
lui apparut, & commãda,
enuoier meſſagers fideles
au mont de Gargã, demã-
der aux Chanoines de l'E-
gliſe la baſtie en ſa memoire, partie du poiſle ou drap
vermeil, que le dit Ange
i auoit apporté, & par-
tie du marbre ſus le quel il
s'eſtoit aſſis. Ce que l'Eueſque fiſt diligemmét, & les
meſſagers recitãs ce qu'eſtoit aduenu, les Chanoines
de Gargan les creurent, &
volontairement leurs bail-

lerent les dits ioyaux. Les
apportans reueremment,
par l'attouchemét d'iceux
en leur retour furent en
diuers lieux gueris & illu-
minez douze aueugles.
Arriuez pres du lieu , vne
ancienne, & aueugle fem-
me, iffant de fon logis, par
deuotion les voulât fuiure
foudain receut la veuë, en
memoire du quel miracle,
le village fut nómé Beau-
uoir, qui au parauát eftoit
appelé Aufteriat. Tels miracles ont ils pas efté auffi
faciles à faire de Dieu par

son S. Archange, que par
la verge ou houllette de
Moyse faire tant de mer-
ueilles en Egypte , en la *Exod*
mer,& aux deserts d'Ara-
bie ? Par l'arche du vieil
Testament, en Iericho, au
Iordain, entre les palestins,
& Bethsamites? Par le mâ-
teau d'Elie sus le fleuue:&
par les os d'Elisee resusci-
ter vn mort?Par la piscine
aux ouailles, guerir toute
maladie? Par le lauoir de
Siloë, illuminer vn aueu-
gle des sa naissâce? Par l'ô-
bre de S. Pierre, guerir to⁹

malades : & par les linges
de S. Paul, chaſſer les eſprits malins des corps humains? Par les reliques de
S. Eſtienne & les fleurs qui
seulemét i auóiét touché,
faire tant d'illuſtres miracles, que recite le bié-heu-
reux S. Auguſtin?

Faut auſſi entendre, que
pédãt le voiage des ſuſdits
meſſagers, qui fut par l'eſ-
pace d'vn an, Dieu par ſes
merueilles fiſt que la mer
gaigna toute la foreſt, cõ-
planit le bois, & reduit en
beau ſable & greuë, ce

qu'eſtoit à l'entour de ce Rocher, & mont appelé Tóbelaine, comme on le void encor de preſét, Les Meſſagers qui auoiét laiſſé le dit lieu en foreſt, arriuez le ſaiziéme iour d'Octobre, & le voians en greue, cuidoient eſtre entrez en nouueau monde : Mais en fin aſſeurez des merueilles de Dieu faits en ce lieu, ré-dirent les ioïaux entre les mains de ſaint Autbert, lequel auec ſon Clergé, & gens de to⁹ eſtats, s'aſſem-blerent pour dedier ceſte

Eglise. Mais trouuans par
marques sensibles , que
l'Ange l'auoit dediee, ces-
serent : & auec grande
ioye & solennité y poserét
& laisserent les susdits ioïaux apportez du mont de
Gargá: & au lieu des Her-
mites, l'Euesque i mist 12.
Chanoines , pour i faire
seruice à Dieu, en memoi-
re de S. Michel, & leur as-
signa rétes & reuenus, des
quels ils peussent hóneste-
ment viure. Et en memoi-
re de la susdicte Dedicasse
Angelique, miracles faits

à l'entour, au venir, & re-
ception des ioïaux appor-
tez du Leuant en ce lieu
Occidental, & mont ſaint
Michel, ordonna ledit E-
ueſque, que Feſte & ſolé-
nité i ſeroit faite, tous les
ās, le ſaiziéme d'Octobre:
& donna pluſieurs pardós
&indulgences à perpetui-
té, à ceus qui deuotement
le viſiteroient, en adorant
Dieu, honorant & priant
S. Michel, & tous les bien-
heureux Anges de Paradis, Pſ 90
aux quels il à dóné cóman- mat 4
demét de nous garder en He. L.

toutes nos voies, & s'em-
ploier aux afaires de noſtre
salut.   Au quel, cóme l'E-
uangil teſtifie, ils ſont tant
affectiónez, qu'ils fót treſ-
gráde feſte & ioie au ciels
pour vn pecheur conuerti
à penitéce, & de terre có-
duiſét nos ames ſorties des
corps en lieu de ioie & de
conſolation: par quoi ceux
qui depriſeront l'aide &
ſecours de ces bós eſprits,
ſeront à iamais bannis &
tourmétez auec les malins.
En l'an 9. cés 66. Richard
premier Duc de Normá-

die, accompagné de l'Ar-
cheuefque de Rouën, &
de l'Euefque d'Auraches,
par permiſſion du Pape
Iean, & de Lothaire Roi de
France, donna congé aux
Chanoines, & miſt en leur
lieu des Religieux obſer-
uateurs de la regle & inſti-
tution de S. Benoiſt ; aux
quels il confirma tout ce
que les dits Chanoines poſ
ſedoient : voire & l'augmē-
ta de pluſieurs autres ren-
tes, & priuileges, qu'il fiſt
approuuer & confirmer
par les Papes & Rois ſus

nommez.

En l'an mil 24. Richard
second Duc de Norman-
die, & Hildebert Abbé de
ce monaſtère, cõmence-
rent à faire baſtir l'Egliſe
de ce lieu , en la maniere
quelle eſt à preſent.

En l'an mil 48. Raoul
Abbé goŭvernant ce lieu,
furent faits les quatre pi-
liers , & arc, de la grande
tour de l'Egliſe.

Durant l'Abbé Ranul-
phus, qui cõmença à gou-
verner en l'an mil 60. fut
cõmença la nef de l'Egli-

se le pourmener, & sepul-
ture des Moines, la closture anciéne de céste Abbaie
& autres edifices, qui de-
puis ont esté changez en
autre maniere, comme il
apparoist de present.

En l'an mil cent quatre
vingts & onze, Iordain
Abbé cómença à gouuer-
ner le monastere, & fut fait
en son viuant le Dortoir,
la closture du refectoir, le
cloistre, & le celier.

Sous trois Abbez apres
lui, qui presiderent en ce
lieu l'espace de 24. ans, plu

sieurs autres edifices fu-
rét adiouftez. Et Richard
Toutain Abbé leur succef
feur, cómença le Chapitre
fist faire de belles chaires,
& les murs d'éuiró l'eglise.

En l'an mil trois cents
quatre vingts & six, Pierre
abbé fist faire la porte de
ceste Abbaie, & tout le
costé de deuant la ville,
excepté le lieu nómé faite
Catherine, qui auoit esté
fait sous son predecesseur.

De l'Escu, & Espee, dict
de S. Michel, gardez il

monstrez en ce lieu.

EN ceste Eglise du mōt
S. Michel, dit, du peril
de la mer, &, mont de
Tōbe, sōt gardez vn Escu,
& vne Espee, nō ppres aux
cōbats humains, car ils sōt
petits, & de matiere d'ai-
rain : l'Escu en forme d'o-
ualle, garni de petites croix
es quatre parties, l'Espee
aiant forme de petite Da-
gue, ou Poignard : & sont
monstrez aux denots Pe-
lerins qui visitēt ce lieu,
memoire d'aucuns mer-
ueilles faits par S. Michel,

en la defence & confolatió
des humains. C'eft, qu'incontinent apres la Dedi-
caffe de ceft Eglife, homes
honorables ven⁹ d'vn païs
outre Angleterre, (on pé-
fe d'Irláde, dite, Hibernie)
abordérent en ce lieu, & i
apporterent ces armes &
enfeignes. Dirent & affer-
merét publiquemét, qu'é
leur païs, fo⁹ le regne d'El-
ga leur Prince , auoit vn
grád & horrible ferpent,
beriffé de poil cóme d'ef-
pees, répli de venin mor-
tifere & vomiffant auec fes

ſifflemens tel poiſon, qu'il
bruſloit les herbes, embra-
ſoit les arbres, gaſtoit les
beſtes, faiſoit mourir les
humains, par ſa puante ha-
leine ifectoit l'air que no⁹
aſpirons, & rendoit le païs
deſert & inhabitable. Se
retiroit ſouuent pres vne
belle & clere fonteine, cõ-
mencement d'vne riuiere
qu'il empoiſõnoit de telle
contagion que beſtes bru-
tes ou humains n'en pou-
uoient vſer ſans euident
peril de mort ſoudeine.
Donc pour les miſeres &

neceſſitez ou ſe trouuoiēt
reduits les habitans & voi-
ſins de ce fleuue , n'aiãs autres moiens pour leur ga-
rantir, eurēt récours à l'aide de Dieu: & par le cõſeil
de leur Eueſque , ſaint &
religieus Paſteur, iuſnerēt
& prierent par trois iours,
donnerent grãdes aumoſ-
nes, requerans l'aide celeſte par la miſericorde de
Dieu, cõtre ſi funeſte dragon. Lors fut cõmandé à
toꝰ homes prendre les ar-
mes, & aller d'vn grãd cou
rage aſſaillir la furieuſe be-

fte, s'ils pouuoient la chaf-
fer ou faire mourir. S'af-
féblerent donc en vn grãd
matin, marcherent en ba-
taille, se cõfians plus au se-
cours Diuin, qu'en toutes
leurs armes & forces hu-
maines. Les gens d'Eglise
alloiét deuãt, portãs Croix
Bánieres, Luminaires, Re-
liques, & faisans affectueu-
ses Oraisons : les Laiques
suiuoiét auec lãces, piques,
iauelots, neátmoins crein-
tifs & espouuantez de la
fureur de ce serpent dia-
bolic, trouuans la regiõ ou

il hantoit toute seiche &
brulee. Arriuez pres de
son repaire, la virent gisāte
par terre d'vne grandeur
effroiable, & pensās qu'elle
dormoit, se deffians d'eux
mesmes d'oūtoient lassail-
lir: mais se confiās en Dieu,
lui ietterent vne gresle de
traits & de flesches, auec
cris & hurlemens espou-
uantables. Le dragon de-
meurant immobile & sans
se remuer, les insulaires s'é
approchent, & le trouuent
tout froit & roide mort, le
tranchent en mille pieces.
S'eston-

S'estonnans de telle mort,
auisent entre ses pieds le
petit Bouclier, & la petite
espee qu'ils apportoiét, ne
pouuans s'imaginer, qui
auoit mis à mort tel puis-
sant aduersaire, & par armes tant imbecilles & im-
propres à tel office. Remer-
cians Dieu de telle victoi-
re, & luy supplient reueller
l'autheur de tel œuure,
pour luy en sçauoir gré.

Sus tous le sainct Euesque
prosterné en terre, qu'il
baignoit de larmes, & pe-
netroit le ciel de clameurs

& prieres, eut apparition
de S. Michel, qui lui dist.
Ie suis Michel Archange,
tousiours assistant deuant
Dieu, pour le bien & def-
fence des humains. Saches
que i'ai tué cete beste, que
pour leur foiblesse & im-
perfectió ils n'eussent peu
vaincre. Ces armes (Bou-
clier & Espee) sót nostres:
non pas qu'eussions besoin
d'icelles à tel effet, mais les
auons apportees & laissees
en la place, affin que les humains par telles armes ter-
riennes & visibles, appre-

hendent & croient la for-
ce & puissance spirituelle
& inuisible, qui nous est
donnee de Dieu, pour les
deffendre des ennemis vi-
sibles & inuisibles. Donc
louez Dieu incessamment
qui par nostre ministere
inuisible, vous a deliurez
de vostre ennemi visible.
Et moi Euesque, enuoie par
messagers expres telles enseignes en la montaigne
d'outre mer vous sacre en
nostre memoire, affin que
les habitans d'icelle reiou-
issent de nostre consolation.

L'euesque annonça fide-
lement au peuple la respó-
ce de l'Archáge, & le có-
mádement d'ennoier ou-
tre mer les deux petites
enseignes d'armes, esleut
quatre Anciens du terri-
toire, leur commáda d'ac-
complir la charge, & leur
enseigna ce qu'ils deuroient
faire. La mer passee, & des-
cédé d'en terre, s'efforçoiēt
d'aller au mont de Gargan
en Italie, ignorás encor ce
que n'agueres estoit aduenu en Normandie. Ils se
mirent en chemin, mais ils

trauailloiét en vain, car au
matin ils se retrouuóient
au lieu d'ou ils estoiét par-
tis le iour precedent. S'ad-
mirans disoient ensemble,
quelle choze est ceci? Pour
quoi trauaillons nous en
vain? Nous auons ia passé
plusieurs iours allás au mót
S. MICHEL en Gargan,
& n'exploitons rien. No-
stre Euesque pour vrai
nous à commandé d'aller
au mót saint Michel, sans
determiner ce que nous
determinons. Nous auons
passé par vne montaigne

qu'à present on apele môt
saint M I C H E L: poſſible
ſeroit ce celle ou nous de-
uons rendre les enſeignes
que nous portons. Recô-
mandons nous au conſeil
& auis de celui qui à deliuré noſtre region du ſer-
pent, eſperás qu'il ne nous
faillira. Apres les prieres,
s'endormirent, & viron
minuiɗ s'apparut à eux
vne grande lumiere, de la
quelle procedoit ceſte pa-
role. Voſtre voiage doit
eſtre au mont S. Michel
appelé mont de Tombe,

lieu nouuellement dedié à
noſtre memoire. Cóbien
que noſtre commune ha-
bitation ſoit es ciels, ſi eſt-
ce que ſouuent nous viſi-
tons en terre les lieux &
perſonnes qui nous ſont
commandez par le Crea-
teur de touls, & ſpeciale-
ment ceux qui requierent
noſtre aide. Iceluy lieu eſt
aggreable à Dieu, & fre-
quenté de nous, car l'on n'y
i eſt, & ſera inuocqué &
glorifié, par ſeruice qui lui
eſt plaiſant & aggreable.
Et incontinent ceſſa la lu-

miere & la voix du parlant.
Les messagers ioieux au
possible de cest aduertisse-
ment, reprindrent leur
voie au dit mont de Tom-
be, ou en briefs iours ils
arriuerent, offrirent le suf-
dit Escu, & petite Espee, &
par bon ordre reciterent
tout ce qu'il leur estoit
auenu, cõfirmãs par hauts
sermens le tout estre veri-
table. Les enseignes donc
i furent receuës en reue-
rence, & gardees iusques à
present, & sont monstrez
aux Pelerins, en memoire

du saint Archange, qui à
combatu le vieil serpent
& dragon inuisible, ainsi
que saint IEAN Apostre
d'escrit fidelement en son
Apocalypse.

INDULGENCES
donnees par plusieurs Papes,
successeurs de S. Pierre à tous
ceux qui en estat de grace, visiteront l'Eglise du mont S.
Michel, dict au peril de la mer.

ALEXANDRE qua-
trième à donné cent
iours de Pardõ à ceux
qui visiteront l'Eglise de

ce lieu, le iour de la Resur-
rectió de noſtre Seigneur.
Iean 22ieme cent iours.
Vrbain cinquiéme vn an
& quarante iours.
Item en chacun iour des
Octaues de la dite Reſur-
rection, cent iours, par le
ſuſdit Alexandre.
Le dit Pape Iean quarante
iours.
Item chacun iour d'apres
les dictes Octaues iuſques
à l'Aſcenſion, le dit Pape
Alexandre cent iours.
Le iour de l'Aſcenſion le
meſme Alexádre cét iours.

Le Pape Iean, cent iours.
Le Pape Vrbain, vn an &
46. iours. Chacun iour des
Octaues de l'Ascension, le
Pape Alexádre, cent iours:
le Pape Iean 40. iours.
Item chacun iour d'entre
les Octa. de l'Ascension &
la Pentecoste, le Pape ale-
xandre, cent iours. Le iour
S. Michel en Mai, le Pape
Vrbain vn an & 40. iours.
Le iour de Pentecoste, le
Pape Alexádre cent iours.
Le Pape Iean, cent iours.
Le Pape Vrbain, vn an &
40. iours. En chacun iour

des Octa. de Pétecoste, le
Pape Alexádre cent iours.
Le Pape Iean, 40. iours. Le
iour du saint Sacrement, le
Pape Vrbain, vn an & 40.
iours. Le iour de la Natiuité de S. I E A N Baptiste, le
Pape Vrbain, vn an & 40.
iours. Le iour de l'Assom-
ption nostre dame, le Pa-
pe Iean cent iours, le Pape
Vrbain, vn an & quarante
iours. Chacun des Octaues
d'icelle, le Pape Iean, 40.
iours. Iour de la Decollatiõ
S. I E A N Baptiste, le Pape
Vrbain vn an & 40. iours.

Iour de la Natiuité noſtre
Dame, le dit Pape cét iours.
Chacun iour des Octa. d'i-
celle, le Pape Iean 40. iours
Le iour S. Michel en Septébre, le pape Innocét ſiéme
vn á & 40. iours: le pape Vr
bain, vn an & 40. iours. Le
iour S. Michel en Octobre
le Pape Innocét vn an & 40
iours. Le Pape Vrbain vn
an & 40. iours. Le iour de
Tous-Saints, le Pape Vr-
bain vn an & 40. iours, o
Iour de la Natiuité de noſtre Seigneur, le Pape Vrbain vn an & 40. iours. Le

Pape Iean, autant. Chacun
iour des Octa. d'icelle, le
Pape Ieã 40 iours. Le iour
de la Circoncision, le Pape
Vrbain vn an & 40. iours.
Le Pape Iean 40 iours. Le
iour de l'Epiphanie, le Pape Vrbain vn an & 40. iours.
Le iour de la Purification
nostre Dame, le Pape Vr-
bain vn an & 40. iours, u le
pape Ieã dér iours: & chacun des Octa. d'icelle 40.
iours. Le iour de nostre
Dame en Mars, le Pape Vr-
bain vn an & 40. iours: &
le pape Iean cent iours, &

chacun iour des Octa d'i-
celle, quarante iours.

La some des pardós des-
sus dits est par chacun an,
quarate & trois ans quatre
vingts iours, de remission
& indulgence des peines
temporelles deuës au reli-
qua des pechez, les quelles
peines faudroit endurer en
ce monde ou en l'autre.

Autres Indulgences don-
nees au dit lieu, par nostre
S. pere Nicolas cinquieme.

LE saint pere Nicolas ci-
quieme pour l'honeur
de Dieu, & reuerence

de son archāge S. Michel,
à doné à perpetuité à tous
Chrestiens vrais confes &
repétás, visitás deuotemét
l'Eglise du mót S. Michel,
dit, au peril de la mer, &
donneront de leurs biens
à la fabrique d'icelle, aux
festes qui s'éusuiuét, sçauoir
est, à la feste de l'Aparitió
de S. Michel, 8. en Mai, de
la s. Michel 29. en Septébre
de la S. Michel 16. en O-
ctobre, pour chacune des
dites Festes 7. ans & sept
quarātaines de vrai pardó.
Le mesme à doné à l'Ab-

bé, ou Prieur clauſtral du
dit lieu, puiſſance de com-
mettre preſtres reguliers
ou ſeculiers, pour ouir de
Confeſſion les viſitans du
dit lieu aux iours deſſusdits
& de les abſoudre de tous
cas, excepté ceus qui ſont
reſeruez au Pape.

Autres Indulgĕces oĉtroies
par Monſeigneur d'Eſtou-
teuille, Legat du dit Pape
Nicolas par le Roïaume de
France.

DE l'authorité de no-
ſtre S. Pere Nicolas
cinquieme, treſ-reuerend
Pere en Dieu le Cardinal

d'Eſtouteuille , Légat au
Roiaume de Fráce, à dóné
en perpetuité à tous chreſtiens qui viſiteront deuotement la dite Egliſe , &
dónerót de leurs biés pour
la reparatió d'icelle , pour
chacune fois vn an & 40.
iours de vrai pardon.

Quelques Miracles faits
au dit lieu, teſtifiez par au-
thorité publique.

LE ſamedi quatrieme
en Mai, mil cinq cens
ſoixáte, fut amenée en
ce lieu vne ieune fille nó-
mee Thomaſſe Georges,
de la parroiſſe de S. Siluin,

pais de Caux, conduite par
Nicolas Barbe , & Pierre
Mahieu ſes parens, la quelle auoit eſté pluſieurs fois
vexee tát de nuict que de
iour par vn eſprit inuiſible
Lequel au 24. d'Auril ſap-
parut à icelle lui diſant, ie
ſuis l'eſprit de tó pere, qui
te commande acóoplir vn
voiage au mont S. Michel,
que iauois promis , & non
accópli pour aſſeuráce de
quoi, ie te ferme la main &
les doigts, que ne pourras
ouurir , que n'aie parfait le
dit voiage. La ſage fille allá
diligémét declarer ce que

deſſus, & demãder cõſeil à
venerable Preſtre maiſtre
Nicole le Gros Vicaire de
la dite partoiſſe, qui fut
d'aduis qu'elle accõpliſt de
uotement ce voiage, & lui
donna lettre teſtimoniale
pour aſſeurã ce tant par les
chemins, qu'au dit mõt S.
Michel. Arriuee au lieu,
main eſtroitemét fermee,
recita tout ce que deſſus:
& comme elle faiſoit dire
Meſſe, le preſtre faiſant la
derniere eleuatió du corps
de noſtre Seigneur, la main
lui fuſt ouuerte autant fa-
cilemét, que ſi elle n'auoit

oncques esté fermee.

Signé,   S. Preuost.

LE 26 en Septembre, 1586.
Iean Corio, de la ville de
Quinti en Bretaigne, aiãt
vn fils nómé Iaques frappé de
telle maladie, que par l'espace
de trois semaines ne pouuoit
aucunemét parler ne marcher,
fist veu de l'amener en ce lieu
ce qu'estant fait, par la puissãce
de Dieu, & intercession du S.
Archãge, fut incõtinét gueri,
s'en retourna parlãt & cheminant ainsi qu'au precedent.

Signé,   Payen.

LE 20. en Ianuier 1594. fut
cõduite en ce lieu Guille

mine féme de Iean le Red de,
de la parroiſſe de Cãcalle, Du-
ché de Bretaigne , la quelle e-
ſtoit poſſedee du diable , i a-
uoit vn an entier. Apres auoir
eſté cõfeſſee, abſolue, & exor-
ciſee par maiſtre Iacques Payé
Promoteur de l'Abbaïe, fut à
pur &à plain guerie & deliuree
cõme ſi iamais elle n'auoit eſté
poſſedee.   Signé, Payen.
LE 14. en Iuillet , 1594. Iean
Tolleuaſt fils Iacques , de la
parroiſſe de s. Malo de Carne-
uille, Dioceſe de Cõſtãces, fut
amené par ſa mere, ſon frere,
& vn ſien couſin en ce lieu, lié,
émenoté, & horriblemét tour

meté d'vn mali efprir, l'efpace
de fix femaines. Côfeffé, & exorcifé par ledit Promoteur,
fut totalemét deliuré, laifât fes
menottes attachees deuât l'image S. Michel. Le tout fait es
pféces d'honorables & religieufes pſônes, frere leá de Grimouuille, Prieur clauftral; f. Gilles de Verdû Châtre; f. Oliuier
Bardoul, Prieur de S. Brola; f.
Charles de s. Paer Sou-châtre,
& Rollât Liger Prieur de chau
zai; toꝰ Religieux, pbꝛes deladi
te Abbaie & môtaigne. Outre
de mꝭ Pierre Rouffel, Pbꝛe,
PIERRE Herpin, Soudiacre:
& autres.   Signé, Payen.

F I N.

Extrait du priuilege du Roy.

Par lettres patétes du roi dónée à Paris le 18. de Feurier mil six cés trois Signez, HENRY & plus bas RVZE. Et sceellez du grád sceau en cire iaulne sur simple queue. Il est permis à Iean le Cartel Imprimeur & Libraire en nostre ville de Constáces, d'imprimer ou faire imprimer vn petit liure intitulé *Histoire de la fondation de l'Eglise & Abbaie du Mont saint Michel, auec vn traité des Anges, & cetera* fait par frere François Fey-ardent Docteur en la faculté de Theologie à Paris, ainsi qu'il est plus amplement cóteu audit priuilege. Et faisós defences à tous autres Imprimeurs & Libraires de ce Roiaume d'imprimer ou faire imprimer lesdits liures, contrefaire ou alterer exposer en vente, tant en public qu'en particulier contre la teneur des presentes, pendát le temps & terme de dix ans cómenceant à cóter au iour & dabte de l'impression desdits liures sur peine de deux cents escus d'amende, applicable vn tiers à nous vn tiers aux pauures & l'autre tiers au denótiateur & de cófiscatió desdits liures qui seront trouuez auoir esté faitz & mis en vente sans lexpres cósentemét dudit le Cartel. Et outre voulons & nous plaist qu'en mettát vn extrait du dit priuilege au cómécemét ou à la fin desdits liures il soit tenu pour deuémét notifié à tous Imprimeurs, Libraires & autres. Car tel est nostre plaisir. Donné à Paris les iour & an susdits.

www.ingramcontent.com/pod-product-compliance
Ingram Content Group UK Ltd.
Pitfield, Milton Keynes, MK11 3LW, UK
UKHW021709130726
13696UKWH00004B/1699